普通學校朝鮮語讀本

卷五

目錄

燈・ 太陽 萬物 咫尺・분별 ㅣ라도・物件 관솔 다려서 松明

普通學校 朝鮮語讀本 卷五

第一課 燈火

낫에는太陽이잇서서、萬物이밝게보이나、밤에는太陽이업슴으로、咫尺을분별치못하게되며、또달이잇서밝은새라도、낫과갓치物件이잘보이지아니하오。그러함으로、밤에는燈火를켜지아니하면아니되오。넷적에는관솔에불을다려서松明을쓰드니、

荏・ 棉花・ 白菜・ 種子・ 魚・ 蜂蜜・ 櫨、蠟・獸・ 骨、肉・ 脂肪・ 燭・ 不便

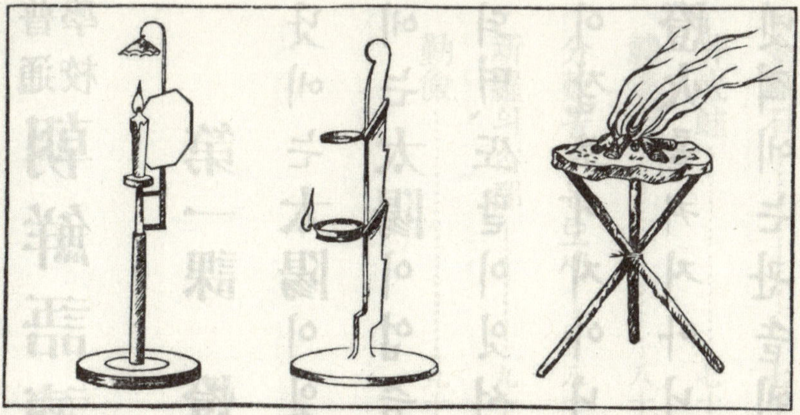

그後에는麻·荏·棉花·白菜等의種子에서種油、魚類에서魚油를짜서燈火로쓰며、또蜂蜜과櫨實에서蠟、獸類의骨과肉에서脂肪을取하야、燭火로쓰게되엿소。

種油의燈火는방안에서켜기에는便利하나、밧게가지고단기기는不便함으로、밤

열녀서
石油·洋
샘물
갑싸고

에出入할때나、物件을차즐
때에는、燭火를使用하게되
엿소。
그리하드니、사람의知識이
漸漸열녀서、石油를쓰고洋
燈에불을켜게되엿소。石
油는地中에서샘물갓치솟
아나오는것인대、種油보다
는갑도싸고、밝기도더함으

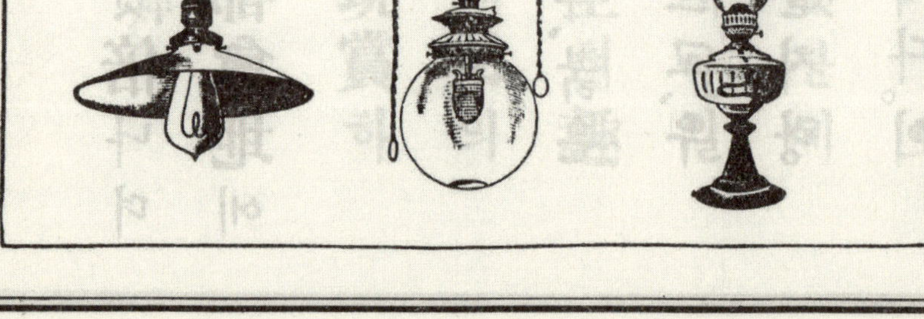

倍· 瓦斯· 發明· 花遊· 請邀· 溫和· 晴· 나는 時節 佳·

로、一般이모다石油를쓰게되엿소。

또近來에는洋燈의石油불보다도、몃倍나더밝은瓦斯燈·電氣燈이發明되여서、都會地에서는大概이것들을使用하오。

第二課 花遊의請邀

春風은溫和하고、細雨는初晴하야、붉은꼿、풀은닙흔、煙景으로우리를불으고、우는새、나는벌은、저의들의好時節을자랑하는듯、山과들에春光이佳麗합니다。이

作伴・ 吾、參、趣・ ㅣ사오니 枉・ 孫、煥・ 泳・

갓치 조흔 새를 엇지 虛送하오릿가。오
는 空日에、二三學友로 作伴하야、뒷산에
올나가서、쏫求景을 하랴 하옵는대、만일
吾兄이 不參하시면、이번 花遊는 全혀 趣
味가 업겟사오니、그날 午前九時에 弟의
집으로 枉臨하셔서、갓치 風景을 玩賞하
시기를 바라나이다。

月 日 弟 孫正煥 拜上

魚泳善 仁兄

悵• 반갑ㅣ 柳•鶯•蝶• 禁•

同回答

悵仰이근절하든ᄎᆞ에、惠書를밧자오니、매우반갑습니다。弟도ᄯᅩ한봄을사랑하는지라。柳間의鶯聲과花上의蝶舞는春光을자랑할새、名園淸流에仁兄과聯步하야此等景致를玩賞하고십흔生覺을禁하기어렵드니、兄쎄서내마음을먼저알으시고、이처럼불으시니、엇지감히ᄉᆞ양하오릿가。그날定刻에

趨進· 晩·
一드라도

獅子· 鼠·

雲雀· 종잘거리는

消息

골짜기

兄宅으로趨進하야、伴行코저하오나、혹
晩時가되드라도、잠싼容待하시기를바
라나이다。

月 日 弟 魚泳善 拜復

孫正煥 大兄

第三課 獅子와山鼠 (一)

어느溫和한봄날、空中에셔올으는雲雀의종
잘거리는소리에、봄消息을깨달은한마리의
獅子는、이골짜기와저언덕에욹읏붉읏픠여

·杜·鵑花 櫻花 덤불 芽 돌아보며 緩、芳 春困 ·氈 쌀고 깁히 動靜 고는 놉하질

잇는杜鵑花·櫻花들도求景하며、뒷덤불과압숩풀에풀웃풀웃한草芽·柳葉들도돌아보며、한걸음두걸음緩步하야、한芳草언덕에닐을엇소。遠山에는아지랑이가씨여、온갓물건이희미하게보이는대、春困을못이긔는獅子는毛氈갓흔芳草를쌀고、잠이깁히들엇소。」

이새近處에잇든조고마한山鼠한마리가그貌樣을보고、겻헤가서動靜을삶혀보니、獅子는조곰도感覺치못하고、코고는소리만놉하

너구리 怯・도망 處・地 慢・ 揚・ 乘・비루 虎・ 慴、畏・ 黑・猫・

질색이라。 쥐는好奇心으로獅子의背上에
올나안저、遠近을바라보니、면숩풀속에잇는
여호・토씨・너구리等이自己를한번보기만하
면、곳驚怯하야도망하는듯한지라。 그쥐는
이에自己의處地를生覺치아니하고、自慢心
을닐이켜서、揚揚自得하야、혼자말로、
「어、오날은나의世上이다。 獅子王이나의
乘馬가되엿스니、비록虎狼이라도、제가엇
지慴伏하지아니하리오。 저可畏의黑猫

禦•

皇帝•

를防禦할道理가업서苦心하든더이드니、오날이야泰平이로구나。獸中王獅子를라고잇는나는、獸中皇帝라고하야도좃

威嚴
올으락나리락
突然・번쩍뜨며
捕捉・꿀니고・삭짓는
唐突・妖妄
함부로 괘심하다
죽여 남ㅣ

켓지。우리兄님과同侔들은어듸가고、나의威嚴잇게됨을致賀할줄도몰으나」。

하며、깃분마음을못이긔여서、올으락나리락하다가、잘못하야獅子의눈을밟앗소。

獅子는突然히놀나、잠을깨여눈을번쩍뜨며、곳그쥐를捕捉하야、압헤꿀니고삭짓는말이、「요唐突하고妖妄한놈아、내가곤히잠이들엇다고、함부로몸에올나타니、實로괘심하다。너의罪는빅번죽여도오히려남겟다」。

飛、魄、散、
四肢、발발、썰며
살니ㅣ
아니오라
格、
猥濫히

하얏소。 쥐는魂飛魄散하야、四肢를발발썰며、獅子에게向하야비는말이、「비나이다。비나이다。獅子님쎄비나이다。殘命을살니소서。철업는저는別로히惡意를가지고、그리한것이아니오라、暫間春光을求景하느라고놀러나왓다가、본즉獅王님이곤히주무시는대、파리가눈에만이안즌고로、하로강아지범무서운줄몰으는格으로、그파리를쏫차들일가하야、猥

恕·結·報·鴻·之·
惻隱·
冷笑·
주제넘고　奸邪·
도아주어

濫히面上에올나갓다가、이런罪를지엇사오니、恩德이놉흐신獅王님이시여、이번만容恕하야주시면、結草報恩이라도하야、鴻恩의萬分之一이라도報答하겟삽나이다」。하며、군절히哀乞하얏소。

獅子는一邊괫심도하나、또情狀이惻隱도하야、한번冷笑하고하는말이、

「무엇、恩惠를갑하、이주제넘고도奸邪한놈아、너갓치조고마한놈이나를도아주어。그

可矜하기로

衷・

굴・

陷穽・

獵・、生擒・
튼튼한

繩・

結縛・

吼・

러치만生命이可矜하기로、이번만容恕하는것이니、速히네집으로가거라」。하고、그쥐를살녀보내니、쥐는衷心으로感謝히녀여、無數히致謝하고、제굴로돌아갓소。

第四課　獅子와山鼠（二）

알수업는것은世上일이라。그일이잇슨지몃칠못되여、그獅子는偶然히엇던陷穽에쌔져、獵師에게生擒되여서、튼튼한麻繩으로前足이結縛되여、一吼深谷에百獸慴伏하든그

勇・猛・
毫・
橫・臥・
最・後・運・命・
悽・ 불으지즐
厄・運・ 免・
呻・吟・

勇猛과威嚴도、다시少毫의使用할길이업시、도마우에올은고기처럼、地上에橫臥된대로最後運命만歎息하며、悽凉한소리로불으지즐뿐이엿소。그러나獅子는前日에쥐를살녀준恩惠의報復으로、오날날厄運을免할째가되엿든지、그悲吼呻吟하는소리가前日에哀願하든쥐의귀에들니게되엿소。

그쥐는이소리를듯고、무슨일이낫나하고、또好奇心에팔녀서、그곳까지가서본즉、前日에

꼼짝
苦痛 叫呼
只
목숨 頃刻
積善
慌忙

自己를살녀주든獅子가捕縛되여、一身을꼼짝도못하고、苦痛叫呼하고잇섯소。獅子는悲悵한소리로쥐를向하야하는말이、

「여보시오、쥐님、엇더케하든지나를좀살녀주시오。只今獵師가와서、나를곳죽일는지도알수업스니、나의목숨은頃刻에잇소。仁情만으신쥐님、積善하시오」。

하며、歎願하얏소。쥐는이貌樣을보고、慌忙히하는말이、

ㅣ셴

다하야
풀어

銳• 齒牙• 一心精力
부러지ㅣ
끈어라

싹독싹독

自由로운

「獅子님、이게웬일이시오。큰일낫소구려。하마하드면前日恩惠를報答하지못할셴하얏소구려。暫間만가만이게시오。내가죽을힘을다하야서라도、結縛된것을풀어들이리다」。

하고、그銳利한齒牙로一心精力을다하야、「내니는부러지드라도、이줄만끈어라」。하며、싹독싹독끈어내여、死境에닐을엇든獅子를光明한天地에自由로운몸으로만들어주엇소。
獅子는깃부고、感
謝함을이긔지못
하야、無數히致謝
하는말이、
「오날은意外에
貴下의再生之
恩을닙엇소。前日
에貴下를업수이녁

再生之恩
업수이

侮・莫甚
회회
씌우고
-거늘
晝、度
宿・

이고、侮辱하야失禮가莫甚하얏섯는대、오
날날도로혀나를死地에서救하야주시니、
實로感謝萬萬이로구려」。
한즉、쥐는혀를회회둘너、齒牙를할타보며、얼
골에微笑를씌우고하는말이、
「千萬의말삼이오。前日에나는獅王께作
罪하얏거늘、獅王님이널니容恕하사、殘命
을살녀주심으로、나는晝思夜度에報恩할
道理만生覺하든터이라。今日에나는宿

成就 一어늘 감추니 悠• 午時 和睦

願을成就한듯함을生覺함애、다만깃분마음을이긔지못할뿐이어늘、도로혀謝禮하심은웬일이시오」。

하고、忽然히形跡을감추니、이재山岳은疊疊하고、樹木은鬱鬱한데、四方이寂寞하야、悠悠히흘느는시내물짜지소리가업고、다만면村의煙氣가셔올으는울타리아래에서、午時를報하는닭의소리가隱隱히들닐뿐이엿소。

第五課 一家和睦

녜 族、索 姊 敬

家內가和睦하면萬事가順成하나니、녜로부터和睦한家族은衰索한일이업고、不和한家族은昌盛한일이업나니라。

家內에는父母도잇고、兄弟도잇스며、姊妹도잇나니、父母는子息을사랑하고、子息은父母를尊敬하며、兄姊는弟妹를사랑하고、弟妹는兄姊를恭敬함이사람의道理니라。父母가되여子息을사랑치아니하며、子息이되여父母를尊奉치아니하고、兄姊가되여弟妹를사

禽·

抵·

反對·

抑制

目·

는지니라

랑치아니하며、弟妹가되여兄姊를恭敬치아니함은、禽獸와달음이업나니라。

大抵和睦은各各自己의道理를다하고、서로容恕하는데서생기며、不和는이와反對로恒常自己의마음대로하랴하는데서생기나니、누구든지自己의뜻대로하랴하는마음을抑制하야、서로容恕하면、家內에恒常和暢한春風이가득하야、조곰도反目하는일이생기지아니할지니라。

녯적에어느집에百人의家族이同居하는대、한번도喧爭한일이업고、집이漸漸興旺하야、和氣가滿堂함애、이웃사람들싸지模倣하야、一郡이다和睦하게되엿다하니、이는可히본바들만한일이니라。

第六課 韓石峯

韓石峯은距今三百五十餘年前開城사람인대、幼時로부터學業에뜻이잇스나、家勢가極貧하야學費를辦得할道理가업슴으로、恒常

喧・
模倣・
郡・본바들
는만한
韓石峯・
費・辦・

恨歎 奇特히 떡장사 給、資 期限 하직 告 專 부즈런히

恨歎함을마지아니하얏소。

그母親이石峯의뜻을奇特히녁여서、이에自己가떡장사를하야、그어든돈으로學費를支給하얏소。石峯은母親에게學資金을바다가지고、大端히깃뷔하야、十年을期限하고母親께하직을告한後에、깁흔山中으로들어가서、一心專力으로글닑기와글시쓰기를부즈런히하얏소。

하로는月夜深更에山窓에홀로안저、遠天에

기력이

省、矢、

行裝、拾

서울고가는기력이소리를듯다가、偶然히定省의久闕함을싱각함애、歸心이如矢할쑨아니라、혼자싱각하기를、「내文筆이이만하면、世上에나가서足히立身揚名하리라」。하고、卽時行裝을收拾하야、집으로돌아왓소。

그母親은怪常히녁여서、

「너의돌아올期限이아즉도멀엇거늘、엇지하야이갓치돌아왓느냐」。

고물엇소。石峯은되답하되、

當初 期約

試驗

「네、當初에는十年을期約하얏사오나、工夫를하야보온즉、그만하야도더할것이업삽고、또어머님께서오래苦生하시는일을싱각하온즉、甚히민망하와、一刻이三秋와갓사와、期限을기다릴수업는故로、그만돌아왓습니다」。

하고對答하얏소。그母親은冷笑하면서하는말이、

「그러면너의文筆을試驗하야보리라」。

써서
캄캄하게

錯、劃

間隔
골으ᅵ

ᄂᆞᆫ지

아모러케

하고、燈火를써서、방안을캄캄하게한後에、自己는떡을썰고、石峯은글시를쓰게하얏소」。조곰後에다시불을켜고본즉、母親의썬떡은大小의差錯이업고、石峯의쓴글시는字劃의大小가不同하고、間隔이골으지못하얏소。母親은이에石峯을돌아보며하는말이、「내가떡썰기를工夫한지가벌서十年이되엿는대、卽今은밝은곳에서썰든지、어둔곳에서썰든지、아모러케썰어도、이갓치差錯

채워서

나아지ー

이업다。 지금 너의쓴글시를 보아라。 조곰 도골으지못하 고나。 自己혼

千字文
天(하놀텬) 地(싸디) 玄(가믈현) 黃(누를황)
宇(집우) 宙(집듀) 洪(너블홍) 荒(거츨황)。

(韓石峯筆蹟)

자잘쓰거니하고自慢하는것은、아모所用 이업다。 너도十年만채워서、더工夫하야 라。 그리하면얼마쯤나아지리라。」 고、親切히말삼하야들녓소。 石峯은이에크

結果

後世

健• 실혀

는지로다

게感動하야、다시山中에들어가、十年期限을채워서熱心으로工夫한結果、나종에는큰學者가되고、또名筆이되여서、名聲이後世에傳하얏소。

第七課　清潔

生을好하고死를惡함은吾人의常情이라。老少를勿論하고、健康함을그누가실혀하리오。身體를健全히하고、精神을快闊히하랴면、먼저清潔에注意할지로다。

虎列刺· 流行 걸니면 ㅣ도다 밋치며 滅· 鄕黨· 騷· 飮·食 汚·穢·

不潔은萬病의根本이라。 저可畏할虎列刺갓흔傳染病等도、모다이것으로因하야流行되는도다。 우리가萬一傳染病에걸니면、自己一身의不幸뿐아니라、父子兄弟에게도禍를밋치며、甚하면一家가全滅하며、隣里鄕黨에까지傳染식혀서、一大騷動을닐이키는일도잇나니、엇지참寒心한일은아니리오。

淸潔에는여러가지가잇스나、身體·衣服·飮食·器具·家屋等을汚穢케아니함이가장重要한

늗지니
沐·浴·膚
摩·擦·
垢、冒·
髮·이로다
양치질 늗지며 손톱
버힐ㅣ
損·ㅣ섄더러

일이니라。
身體를淸潔히하랴면、새새로沐浴을할지니、沐浴은心神을爽快히할섇아니라、皮膚病의豫防이되나니라。 또每朝에冷水摩擦을하면、塵垢도업서지고、皮膚도强하야져서、感冒를豫防함에는第一이로다。 毛髮도각금씻고、양치질도자조할지며、손톱도恒常짤으게버힐지니라。
衣服이不潔하면、自己의品格을損傷할섇더

해진석새베옷 洗濯、새무든 緋緞 不可不戒 膏粱珍味 닛ㅡ

러、他人의感情까지不快케하는지라。아모리해진석새베옷이라도、잘洗濯한것이면、새무든緋緞옷보다倍나나으니라。身體나衣服의不潔함은、衛生上으로보든지、體面上으로보든지、不可不自戒치아니치못할일이니라。

飮食은膏粱珍味를取할것이아니라、腐敗한것과生冷한것을먹지말지니、「疾病은입으로들어간다」는말을暫時라도닛지말지니라。器

淨、寢
序、整
變化
語
居處、心地
쉬우ㅣ
述 바
須臾
疎忽히

具等도恒常淨潔하게하며、寢具等도재재로
日光에쪼일지니라。
住家는三間草屋이라도淨潔하게掃除하고、
順序잇게整頓할지니、「周圍는氣質을變化한
다」。는古語와갓치、居處가不潔하면心地까지
不精하야지기쉬우니라。
上述한바와갓치、淸潔二字는우리生活에須
臾라도疎忽히하지못할要件이니라。

第八課 妹弟에게

竹姬에게

요사이盛炎中에兩堂氣力이一向萬康하옵시고、大小諸宅이다安寧하시며、너도몸성이잘잇고、工夫도잘한다는消息들으니、마음에大端깃부다。兄은客狀이無故하고、學業을勤勉히하니、이런말삼兩堂께엿주어라。그런대小包郵便으로보낸周衣는昨夕에到著하얏는대、裁縫이精密하

竹· 성이 勉· 小包· 周衣· 裁縫·

고、長廣이몸에꼭마즈니、너의針工이이갓치進步됨은實로喜幸한일이다。今番夏期休暇에는期於히歸覲하라하는대、來週부터는試驗이始作되니、넉넉히二週間後에는相面할듯하기로、이만긋친다。

年 月 日 家兄 平書

第九課 夏期放學作別

一、流水갓흔歲月이無情하야서、

꼭 마즈니 針・今番・於、覲・週・放・學 無情

一、어느듯放學날이다달앗스니、金蘭갓치사랑하는우리學友들、오날날、親切한뜻더욱깁도다。

二、사랑하는우리同窓學友들은、作別의섭섭한情、못이긔여서、손을들어、서로勸告하는말이、아모조록貴한身體保重하시오。

三、몸은비록各處로써날지라도、마음과뜻은닛지말고、相通할지니、

다달앗ㅣ
蘭・
同窓
써날ㅣ

빌어서 人蔘 煙草 附 지난

放學동안、身體健康서로빌어서、깃붐으로노래하야、作別합시다。

第十課 人蔘과煙草

人蔘은內地·支那·米國에서도産出하나、朝鮮이第一著名한中、特히開城附近에서産出하는것이가장有名하오。人蔘의줄기와닙사귀는겨을이되면모다말으나、그뿌리는地中에서年年히자라서、한六七年을지난後에、비로소藥用으로採取되는것이오。

白蔘 紅蔘 水蔘 輸•

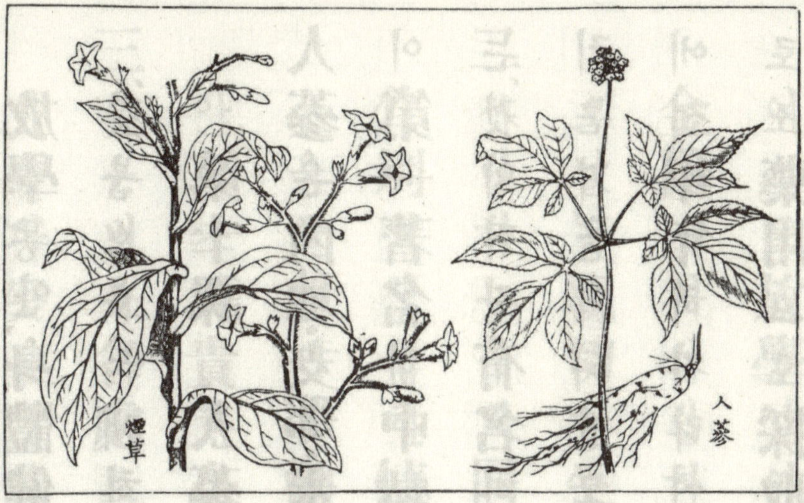

人蔘은그製造法을쌀아서、白蔘과紅蔘의二種이잇스니、白蔘은水蔘의外皮를벗겨서、日光에말녀서만든것이고、紅蔘은水蔘을쪄서、日光에나火熱에말녀서만든것이오。白蔘은大槪內國에서消費되고、紅蔘은支那에輸出

治・神草

蔓、廢、 거의 디경

研・究・

改・圖・謀・

勃・

되는것이니、支那에서는녯적부터人蔘을萬病通治하는神草라하야、甚히愛用하오。

그러한대、距今十餘年前에人蔘에一種의病毒이蔓延되여、거의蔘業이荒廢할디경에닐을엇드니、朝鮮總督府에서여러가지로苦心研究하야、그病害의豫防을實行하고、또栽培의改良을圖謀한結果로、近來에는蔘業이더욱勃興되엿소。

煙草는키가五六尺에達하는풀인대、닙사귀

느진　순　奮・　니코진　性・　尤・甚　弱・　喫・삼가

가크고、느진녀름에꼿치픠오。꼿치픠기젼에、그순을따서닙사귀를자라게하고、초가을부터그닙사귀를따말녀서、煙草를만드오。煙草는사람의精神을興奮케하는作用이잇다하나、너무만이먹으면、그속에니코진이라하는一種의毒性이잇서서、사람의몸에害毒을밋치게하는일이잇소。特히年少한사람에게는、그害毒의밋침이尤甚한즉、幼弱한사람은아모조록喫煙하기를삼가하지아니하면

못쓰오。

煙草는元來亞米利加熱帶地方의原産인대、只今부터約四百餘年前에西洋에傳布되엿드니、至今은世界各地에서栽培치아니하는곳이업고、朝鮮에서는京畿道廣州·平安南道成川·江原道寧越等地에서産出하는것이、古來로가장有名하오。

人蔘과煙草에關한일은朝鮮總督府專賣局에서主管하니、이것을許可업시耕作하거나

元來·亞·

畿·

局·

管、耕·

製造하거나販賣하는것은禁止되오。

第十一課 湖南旅行

湖南線南行列車를탄우리는、忠淸南道의大都會인大田을등지고進行하얏소。얼마아니되여、右便으로秀麗한雞龍山이보이드니、어느듯平野가眼前에展開되면서、벌서論山에到著하얏소。저有名한恩津石佛은、여긔서東南쪽一里쯤되는곳에잇는대、놉히가五十五尺이나되는彌勒이至今도오히려中霄

湖南
등지고
雞龍山
展
彌勒
霄

웃뚝 高麗 藝術 百濟 漢

에웃뚝서서、千年前高麗時代의藝術을말하는듯하오。百濟의舊都인扶餘도여긔서멀지안소。

論山으로부터廣漢한平野를南으로進行하면、物資의集散地로有名한江景에到著하고、

更히 · 登 · 蕩漾 · 水利組合 · 貯 · 裡 · 沃 · 規模 · 灌漑 · 及、馬韓 · 支線 · 밧궈

更히前進하면、古來로有名한黃登湖의蕩漾한綠波가左便으로보이는대、只今은臨益水利組合의貯水池가되여잇소。裡里는元來寂寞한一寒村이엿섯스나、鐵道開通以來로急激히發展하야、只今은湖南地方의中心地가되엿는대、益沃水利組合의大規模의事業으로灌漑의便益이普及되오。馬韓의舊都金馬城은여긔서멀지안소。支線을밧궈라고、平野를歎賞하면서、群山에

戶・ 殷・ 貿易・ 回程・ 邑・ 衙・ 櫛・ 碧骨堤・

到著하얏소。 群山은半島西海岸의有數한
艮港으로、兩湖의門戶가되여、米穀의輸移出
이가장殷盛하고、海產物의貿易도盛行되오。」
裡里로回程하야、輕便鐵道로全州를訪問하
얏소。 全州는古來의名邑으로、現今全羅北
道廳의所在地인대、各種官衙·會社·商店等이
櫛比하야、대단히繁昌하오。
다시裡里로돌아와서、木浦行列車로南行하
얏소。 저有名한碧骨堤도眺望할틈이업시、

蘆嶺隧道 內藏山 想 汀 完全

汽車는어느덧蘆嶺隧道를通過하오。湖南小金剛의일음이잇는內藏山도、이附近에잇다하오。全羅南道에들어가서、第一먼저珍奇한感想을닐이키는것은、각금각금보이는竹林이오。어느덧松汀里에到著하얏소。南朝鮮鐵道를밧궈타고、東쪽으로한三里쯤가면、光州에닐으오。光州는全羅南道廳의所在地인대、各種官衙其他의設備가完全하오。」

松汀里로부터南行하면、곳古來名邑이든羅

州를通過하오。沿線田野에異彩를呈하는것은陸地棉의栽培인대、朝鮮의棉花는此地方을中心으로삼아、改良되며供給되는것이오。또此地方은一般으로耕地가整理되엿고、諸邑이모다繁昌함은、氣候風土等天與한惠澤의使然함이큰듯하오。疲困한몸을車窓에의지하고、山麓의綠竹과一望無際한水田의碧稻를번갈아求景하는동안에、湖南線의終點木浦에到著하얏소。木浦港口는榮

呈・
與・
澤・疲困
際・의지하고
稻・번갈아

浬・ 尋・ 引、頗・ 館・ 探・勝・ 覽・

山江口로부터二浬上流에잇는대、水深이二十五尋이나되여、大小船舶을매기에適當하고、米穀・棉花・海產物의取引이頗히殷盛하야、半島西南地方의最良港이오。

旅館에들어數日間旅行의疲勞를풀고、附近名所를探勝하얏소。此地에서는濟州島도멀지아니하다하나、周覽할時日이업슴으로、風物이佳麗한木浦를作別하고、再次大田行汽車속사람이되엿소。

安珦・ 巫・
忠烈王・ 判官・
밧들고 陜・
衆・
惑・巧・
喝・
守令・

第十二課 安珦의禁巫

高麗忠烈王元年에安珦이尙州判官이되엿소。그때맛참巫女三人이妖神을밧들고、陜州로부터나와서、列邑으로돌아단기며、民衆을惑하게하는일이잇섯소。가는곳마다巧妙히人聲을내여、空中에서불으지지며、隱隱히恐喝하는것갓치하니、그소리를듯는사람들이모다두려워하야、서로다토아祭를지내기에奔走하고、비록守令들이라도、또한敢히

차리ㅣ 가두엇소 憑藉 薄待 포함 哀乞

祭를차리지아니치못하얏소。그리하더니、그巫女가尙州境內에널으거늘、安珦이卽時잡아가두엇소。그리한즉巫女들이神의말삼이라憑藉하고、自己를爲하는者에게는福을주고、自己를薄待하는者에게는禍를주리라고포함을주니、人民들은모다두려워하되、安珦은조곰도움지기지아니하얏소。數日을지낸後에、巫女들이할일업서、妖妄함을自白하고、哀乞하기를마지아니하는故로、

무리　自然　愚氓　적어지는

珦이이에放逐하얏드니、그後에는妖巫의무리가自然업서젓소。大抵이와갓흔迷信에惑하는者는、學識이업는愚氓의할일이오。그런즉어느나라、어느時代를勿論하고、學問이發達되지못하면、迷信에빠지는者가만은것이오。그러하나近來에는學問의進步됨을쌀아서、迷信者가漸漸적어지는貌樣이니、참多幸한일이오。

第十三課　廢物利用

休紙· 屑、弊、瓶·

틈틈이 조희 노끈

休紙·絲屑·弊綿·空瓶石油筒갓흔廢物은別로히要用이되지아니할듯하나、그러나恒常注意하야이것을利用하면、不少한利益이잇는것이오。

어느집에한老人이틈틈이休紙를모아서、조희노끈을꼬아두엇섯소。하로는노끈을쓸일이잇서서、집안사람들이四面으로차저단기며애를쓸때、老人이自己가꼬아두엇든조희노를내여주엇소。그리한즉사람들은그

歎服
오락이
니어서
疋木
感服
헌겁

싱각이周密한것을歎服하얏소。
또한집의婦人은恒常실오락이를모아서、이것을니어서큰공을만들엇소。집안사람들은저것은무엇에쓸랴나하고怪常히녁엿드니、그婦人은이것으로疋木을짜서、집안사람에게보이엿소。그리한즉사람들이그婦人의뜻이깁흔것을感服하얏소。
조희는所用되는데가만은것인대、그中에는無用한헌겁갓흔것으로만든것도잇스니、이

方法 假令 썩은 些、決斷、헐후하게

것은卽廢物로有用한物件을만든것이오。그外에石油筒을물筒으로쓰며、또煙筒도만들고、其他여러가지器具를만드는것도、또한廢物利用이오。

大抵무슨物件이든지、利用할方法이업지는아니하오。假令今日에는所用이업는廢物이라도、明日에는利用할일이잇슬는지도알수업소。俗談에「썩은삭기도쓸데가잇다」。하는말이잇스니、些少한廢物이라도、決斷코헐

漂• 방망이
하도
어이 ᄶᅡᆯ나서 西山
두다려 헤이고
쥐여

후하게녁이지말고、利用할길을깁히研究하야보는것이가장좃소。

第十四課 ᄲᅡᆯ내

一、山谷間에흘느는、맑은물가에、
저긔안즌저漂母、방망이들고、
이옷저옷ᄲᅡᆯ적에、하도밧부다。
해는어이ᄶᅡᆯ나서、西山을넘네。

二、물에잠가두다려、얼는헤이고、
다시한번쥐여짜、널어말닐제、

걸고 / 엷어서 / 더듸 / 뵈는 / 주섬주섬 / 배곱하 / 쟝단

나무가지에걸고、풀밧헤펀다。
볏츤어이엷어서、더듸말으네。

三、멀니뵈는山언덕、희기도희다。
終日토록쌘옷이、다말낫스니、
주섬주섬거더서、가지고간다。
애는어이철업서、배곱하우네。

四、서리오고바람찬、長長秋夜에、
옷다듬는저소리、이집저집서、
쟝단맛취應하니、듯기도좃타。

格言
天性
名譽·責任·
돕는이
富士·山

달은어이多情히、窓에빗취네。

第十五課 格言

光陰은金錢이라。

習慣은第二의天性이라。

名譽는責任을가져오나니라。

하날은스스로돕는이를도우시나니라。

今日에할수잇는일을、來日로밀으지말라。

光明만은곳에、陰影이만으니라。

第十六課 富士山과金剛山

我、部、

붓채

걱구로

恰似、

山勢、雄壯

聳、雪、

싸여서

三伏

避暑、

富士山은我國本州의中部에突立하얏스니、그놉히는一萬二千尺이나되고、그形狀은맛치붓채를펴서걱구로세워노은것과恰似하며、山勢가甚히秀麗하고雄壯하야、我國古來의名山이오。

峯頭는雲霄에聳出하얏고、山頂에는白雪이싸여서、四時長冬의景致를띄고잇슬쑨아니라、夏期에도淸涼하고景槪가絶勝한故로、三伏中이되면、避暑를兼하야登覽하는사람이

霞・　만질　箇・湖水　沈

만으니、山頂에登臨하면遠近山川이눈에가득히보이며、雲霞는恒常下界에두고、碧空을손으로만질듯하오。또山腹에는八箇所의湖水가잇서서、千萬年以來의沈碧을流出하

潺潺・碎、瀑・
仙境
姿、優・
巒・
毗・

야、曲曲潺潺한水聲과玉碎花散하는瀑流는別天地를作하야、遊客으로하야금塵世를써나서、仙境에서노는感想이들게하오。

金剛山은朝鮮의名山으로、江原道의東北部에聳立하얏스니、山姿가優美奇妙하고、石骨의峯巒이重疊한故로、世上에서一萬二千峯이잇다고말하며、其中에毗盧峯은此山의最高峯이니、놉히가六千尺이나되오。

山中에는奇巖怪石이千態萬像을呈하야、形

喩・ 壁、澗・ 澄・胸襟・ 舌、寫・ 皆・ 別名 갈여 蓬・ 繡、屛風 둘너친

喩하기어려운대、就中萬物相의景槪는觀光者의눈을恍惚케하며、石壁과谷澗에구비구비奔流하는飛瀑澄流는、사람의胸襟을爽快케하는대、特히九龍瀑의壯觀은筆舌로形寫하기어렵소。此山은山骨이露出한고로、皆骨山이라는別名도잇스나、그巖石은거의다樹木에갈여잇는고로、또蓬萊山이라는名稱도잇고、가을이되면滿山樹葉이全혀紅葉으로變하야、錦繡屛風을둘너친듯한고로、또一

楓嶽

遊覽

泊

名을楓嶽이라하오。
또山中에古寺가만
아서、山水의自然美
를도으며、遊覽者의
宿泊을便하게하오。
녜로부터「金剛山을
보기前에는、山이약
이를하지도말라」는
俗談이생긴것도當

然한일이오。

富士山은그山容의雄壯秀麗함으로、金剛山은그山姿의優美幽邃함으로、共히世界의屈指하는名山이오。

第十七課 森林

薪·炭·材木等이總히森林에서産出함은、世人의共知하는바이라。萬一森林이업스면、食物을煑炊하며、冬寒을防禦할薪炭도어들수업스며、家屋·器具等을製作할材木도어들수

幽·邃· 共· 指·

薪、炭·

煑·炊·

밋쳐
夥
蒸發
落葉
먹음엇다가

업슬지로다。然이나森林의利益은엇지이것뿐이리오。吾人이밋쳐生覺치못하는곳에、間接의效力이夥多하도다。

森林의樹木은、그가지가서로連接하야、비가一時에땅에떨어짐을防止하고、또地上의水分을一時에蒸發치못하게할뿐아니라、落葉과地中에퍼진뿌리는、地上에떨어진물을깁히먹음엇다가、조곰식흘느게하야、泉源이되게하나니라。그런故로萬若森林을濫伐하

暴·

洪水、魃·河、涸·渴

막으며 滅殺

濕·潤·

야、山容이童濯하면、數時間暴雨에도忽然히洪水가나고、數日間旱魃에도河水가全혀涸渴함에닐으나니라。

森林은또能히暴風을막으며、그힘을減殺하나니、그結果로土沙가飛散치아니하고、또恒常土地를濕潤케하나니라。

森林은또漁業과多大한關係가잇나니、大抵魚類는어둔곳을즐겨하야、樹陰의水中에만이모임으로、海岸이나江岸의森林을採伐한

緣故로、漁業의利를일허버린地方이또한不少하니라。

森林은또氣候를調和식히는힘이잇서서、夏節의炎暑와冬期의寒威를調節하나니、우리는盛夏炎熱에綠陰의恩惠를얼마나닙엇스며、嚴冬雪寒에防風林의效力을얼마나感得하얏나뇨。

또名勝地의風景을增益케함은누구의힘이며、四時의景致를調和케함은무엇의힘이며、

綠• 일허버린

ㅣ나뇨

增•

宇宙・高尙・ 濃・ 翠・ 부는풍류・音樂・奏、聽・

宇宙間自然聲으로因하야、吾人의心情을高尙케함은누구의힘인줄을아는이가몃사람이나되나뇨。春의爛紅、夏의濃陰、秋의丹楓、冬의翠松이、吾人의心眼을즐겁게함은勿論이오樹間에서우는새노래와、부는바람풍류가自然의音樂을奏하야、吾人의聽覺을위로함도、다森林의功이로다。

이갓치森林의莫大한功德을닙는우리는、그一草一木이라도愛護하야、濫伐치아니함이

鼓吹 顯著 務닐을ㅣ 奬勵 空氣

自然의情이아닌가。愛林思想을鼓吹하야、宇宙의美를助하며、그效力을一層顯著케함이、우리의本務라닐을지로다。

近年에森林의濫伐을防止하기爲하야、法令을定하야樹木의一時採伐을禁止하며、一邊으로는植樹를奬勵하야、成林을期圖하나니라。

第十八課 新鮮한空氣

아침에일즉이門外에行步하면、心神이爽快

吸· 瞬· 生存· 濁·

한것은、新鮮한空氣를呼吸하는所以요。

大抵이世上에空氣가업스면、我等은瞬息間이라도生存할수업소。사람이空氣中에서生活하는것이、魚族이水中에서生活함과갓하서、고기가물밧게나면살지못할것이오、사람이空氣를써나면、呼吸動作을不得하오。사람이水中에싸져죽는것은、空氣를呼吸치못하는所以요。

물에淸水와濁水가잇는것과갓치、空氣에도

狹· 惡臭· 證據· 灑· 郊· 散步

淸潔한空氣와汚穢한空氣가잇서서、淸潔한것은衛生에有益하고、汚穢한것은有害하오。

여러사람이모인狹室中에들어가면惡臭가잇고、얼마아니되여頭痛이나는것은、空氣가汚濁한證據요。

그런故로室內에空氣의流通을잘되게하고、朝夕으로灑掃를淨히하며、때때로窓戶를開放하야新鮮한空氣를注入하며、또때때로郊外에散步하야新鮮한空氣를呼吸하야야하

行次 듯잡
區、眠
姑

오。

第十九課 子在家上父書

父主前 上書

行次하옵신後 安候를 듯잡지못하오
니、下情에伏悵하오며、伏未審此時에
旅中氣體候一向萬康하옵시온지、伏慕
區區無任下誠이옵나이다。子는眠食
이姑保하옵고、慈主氣力도無損하옵
시니伏幸이오며、每日弟妹와함씌學校

에단겨와서는、밤들도록復習을하옵나이다。就伏白今番所關하옵신事는、速히成就될道理가잇삽는지、未知하와下情에伏悶이오이다。昨日에別紙目錄과갓치、衣服一襲을小包郵便으로付上하얏사오니、下諒하옵신後査納하시옵고、從速히還次하옵시기를伏望하옵나이다。餘는備白치못하옵나이다。

年　月　日　子　名　上書

錄・　襲・　諒・査・納・

第二十課 順序

如何한事物이든지、一定한順序가잇서서되는것이니라。爲先우리들의먹는밥은엇더케하야되엿는지、싱각하야볼지로다。벼를落種한後에、移秧하야雜草를除하며、風災와蟲災를念慮하다가、成熟한後에收穫하며、租로玄米를作하고、玄米로白米를舂精하야、飯을炊하나니、그次序가엇더하뇨。衣服을製作함에는、또한그와갓도다。봄에

一定
爲先
秧、雜
租、玄米
白米、舂精
飯ㅣ뇨

機械
去核、繰
毛織、紬 絹紗
許多
基地
堅固히 修
木手 石手 泥匠
亦

棉花의種子를심엇다가、가을에收穫하야、機械로去核한後에綿絲를繰出하야、各樣으로染色하야織組裁縫하나니、毛織과紬緞과絹紗와麻布等도、다이와갓치各各그順序를쌀아서、許多한手功이들엇나니라。

家屋을建築함에도、먼저基地를定하고、그地面을堅固히修築하고、山에서材木을斫伐하야建築하나니、木手·石手·泥匠等이한집을造成하기까지에는、亦是一定한次序를밟은後

蹤· 失敗 愼·

에完成되는것이니라。大凡事物은如此히整然한順序가잇서서成就되는대、我等이學業을修하야實社會에出함에는、더욱그順序를要하는지라。萬一事의先後를밧귀하든지、速成하기를爲하야、順序를밟지아니하고躐等하야하면、徒勞無功할섇아니라、도로혀失敗하는일이만으니、우리들은何事를當하든지、愼重한態度로先後輕重의順序를잘밟아서行할지니라。

金剛石 光彩 眞實 나타나ㅣ 間斷 秒 成功 ㅣㄴ들

第二十一課 金剛石

金剛石이라도、갈지안으면、燦爛한光彩는날수업도다。 사람도學問을닥근後에야、眞實한德行이나타나리라。

時計의바늘이間斷이업시、돌아감과갓치一分一秒의光陰을앗기여誠勤히하면、무슨事業인들成功못할가。

第二十二課 井底蛙

한개고리가우물속에서만生長하야、우물밧게나와본일이업섯소。우물속에서만하날을쳐다보는고로、하날이넓은것을몰으고、우물안을世界의全部로알고、우물속에잇는벌어지를任意로잡아먹으며、世上에저보다强한者는쏘업는줄로生覺하얏소。

하로는瞥眼間世界가문어지는듯한큰소리가나며、우물이뒤집혀서、한참은아모것도보

井底蛙 · 任意 저 · 瞥 · 뒤집혀서

쭈쿠리고

불읍뜨고 흘겨보오

밧삭 싸호랴

덥허눌넛소

이지아니하얏소。 조곰지난後에、四方이고요하고、물이맑아지는고로、左右를삷혀본즉、무엇인지怪常한것이압헤쭈쿠리고안저서、두눈을불읍뜨고흘겨보오。 개고리가깜짝놀나서、한참썰다가、다시生覺하되、「오날짜지나보다强한것은업섯스니、무엇이무서우리오」하고、그압흐로밧삭달녀들어싸호랴한즉、그것이冷笑하며、「이唐突한놈아」하고、한발로덥허눌넛소。 개고리는그힘이强하야、제힘

龜・거북

ㅣ스며

狹窄・較

으로는能히當치못할줄을깨닷고、
蛙「너는엇더한놈이며、어듸서왓느냐」。
龜「나는거북이라하는것인대、바다에서왓다」。
하얏소。
蛙「바다는어듸잇스며、이우물보다얼마나넙
으냐」。
한즉、거북이크게웃으며、
龜「이狹窄한우물과는比較도할수업다。너
갓흔것은一年을가도、이편에서저편까지

구멍

는갈수업스리라」。

蛙「그러면이世界밧게넓은곳이또잇느냐」。

龜「바다도넓지만은、그外에또넓은陸地가잇다。이우물은陸地에파노은한적은구멍이다」。

蛙「그러면바다와陸地에、너보다强한놈도또잇느냐」。

거북이또한번웃으며、

龜「바다와陸地에는、나보다數百倍나크고强

姑捨• 집어삼킨다
ㅡ나보다
숨쉬ㅡ
謝罪

한놈이만타。너는姑捨하고、나갓흔것을 한번에몃식집어삼킨다。너는이우물갓치좁은속에잇서서、너보다强한놈을求景도못하얏나보다만은、밧게나가면、너갓치적고弱한놈은、敢히숨도크게쉬지못하리라」。

하얏소。

개고리는거북의말을듯고、제所見이좁은것을깨닷고、거북에게謝罪하얏소。

그럼으로見聞이적고、自己의才能이出衆하다고妄信하는사람을「井底蛙」라하오。

第二十三課 禮儀

禮儀는사람이當然히行할道이며、반다시직힐일이라。萬一禮儀를직히지아니하면、人에게賤待를바들섇아니라、人으로하야금不快한마음이생기게하는것이니、如何한사람에게對하든지、如何한境遇를當하든지、言語를恭遜히하며、行動을謹愼히하고、더욱長者

出衆
儀・
賤待・

特別히

通奇

합흠、개지개、켜거나

痰唾・

귀속말

札・

片・

에게對할때는、特別히尊敬하는마음을다함이可하니라。假令사람의집을訪問할때에、通奇도업시들어가거나、사람의압흘通過할때에、아모말도업시任意로往來하거나、사람의압헤서합흠을하거나、게지개를켜거나、痰唾를吐하거나、귀속말을하거나、눈을흘기거나하는等事는、모다無禮한일이니라。

他人에게書札을할때는、辭意를恭遜히하고、他人의書札을바든때에、答書를要하거든、片

遲・滯・
承・
엿보거나
엿듯거나
넘겨다보는
非・

時라도遲滯하지말지니라。또他人의書信과밋一般文字를承諾업시는決斷코開見함이不可하며、他人이書札을쓸새에、엿보거나、他人의談話를엿듯거나、他人의집안을넘겨다보는것은、非禮의가장甚한者이니라。

禮儀는內心과外樣의두가지가一致하야야하나니、外樣으로는禮儀를차리는데할지라도、마음으로實行치아니하며、또마음으로는禮儀를차리드라도、外樣에發表되지아니하

狎•

晏平仲• 더부러

孔子• 갈오대

면、이는禮儀를다하얏다할수업슬지니、그런즉마음과外樣두가지를다注意하야、幷行치아니하면不可하니라。

或서로親狎함을밋고、禮儀를돌아보지아니하는사람도잇스나、그러나암만親近한사이라도、禮儀를직히지아니할것갓흐면、그交誼를永久히保全하기가極難할지니라。 녯적晏平仲은사람으로더부러交함에、親할수록더욱恭敬하는故로、孔子께서稱讚하야갈오

-오녀 토끼 사슴 일부러 봅시다

대、「晏平仲은善與人交로다、久而敬之오녀」。라
하시니라。

第二十四課 分數몰으는토끼

토끼한마리가제머리에뿔이업슴을恨歎하
야、사슴을차저보고、
「사슴님、오날은當身께特別히請할일이잇
서서、일부러왓슴니다」。
하얏소。사슴은토끼의말을듯드니、
「무슨일이오。들어봅시다」。

하얏소。토씨는恭遜한말로、
「나는쌀이한개도업서서恨이되는대、當身은쌀을두개나가졋스니、한개만나를주시오」。
하얏소。사슴은토씨의얼골을물쓰럼이쳐다보며、
「무엇、쌀한개를달나고。그러면나는엇더케하라고。그런말은두번도말고、어서가시오」。

물쓰럼이

責望
올치
염소
얌전하닛가
흔들면서
못처럼

하얏소。토끼는사슴에게責望을듯고、돌아가다가、

「올치、염소는매우얌전하닛가、내가말만하면、반다시한개를주리라」。

하고、또염소를차저가보고、사슴에게하든말과갓치請을하얏소。염소는토끼의말을듯고、머리를흔들면서、

「그것은千萬不當한말삼이오。못처럼오셧는대、未安하오이다만은、그런말삼을하

일쩐
無顔
황소
알아주리라
라고나온
긔

실터이면、다시는오시지도마시오」。
하얏소。토씨는일쩐염소를얌전하다고차
저갓다가、無顔을當하고、다시生覺하되、
「황소는크기도하고、점잔으닛가、남의事情
을깁히알아주리라」。
하고、곳황소에게가서、또한事情의말을하얏
소。황소는웃으면서對答하기를、
「天下萬物이제各其타고나온分數가잇거
늘、너는分數밧긔慾心을내니、너갓흔놈은

그저

바드랴

밧칠가

그저보내지못하겟다。」

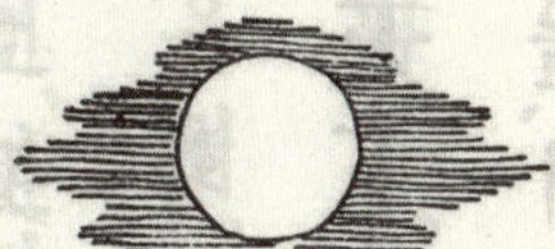

하고、도

로혀쌜

로바드

라하얏소。

토씨는밧칠가怯이

나서、뛰여달아나는

대、그때벌서달이中

天에올나와서、밤이

그림자 훌늉한 쭝긋거리고

낫갓치밝앗소。토끼가偶然히제그림자를본즉、제머리에두귀가길게뻣쳐서、맛치뿔이난것처럼보이엿소。

「올타、올타。나는뿔이업는대신에이갓치훌늉한귀를가젓구나。남의뿔을慾心내여무엇하랴」。

하고、스스로깃버하야、긴귀를쭝긋거리고、한참뛰며조와하얏소。

第二十五課 新羅의古都

當時 月城 址· 逶迤· 紫· 亙· 兄山江 눕여 無窮 域· 이여 奠·

慶州는新羅의古都요。當時의王宮터이든邑의東南쪽月城址에올나四方을眺望하면、遠方에는몃구비로逶迤한紫色의山脈이連亙하얏고、前面에展開한慶州平野에는、兄山江의淸流가銀色을씌워北流하는대、平闊한阡陌이其間에눕여잇서、依舊한山河가無窮한平和의地域을닐우엇스나、壯하다造化의全功이여、九百九十餘年間의王基를奠安함이、그엇지偶然한일이라하겟소。

氏・閼智
說・雞林
暎・瞻星臺
的・價値・
天文臺・芬皇寺
層・

月城에서보면、西北方咫尺의地에樹林이鬱蒼한곳이잇스니、이는곳金氏의始祖閼智出現의傳說地인雞林인대、尙今一小堂宇가林中에隱暎하오。雞林의北方에놉히솟은瞻星臺는新羅時代의築造物인대、總高는約二十九尺으로、世界的價値가잇는東洋最古의天文臺라稱하오。漸進하야芬皇寺에닐으면、古來로有名하든同寺의九層塔은、只今겨우三層만남아잇소。

일로 邑內 陳列館

일로부터여긔저긔잇는大小의古墳을趣味잇게求景하면서、慶州邑內로들어가면、爲先陳列館이觀客을불너들이오。同館에는此地方에서發見한各種의遺物을保存하야잇서서、녯일을보이여주는故로、新

卓· 昭·然히 놀내는 庭· 奉·德寺 重·量 斤· 彫· 蹟·

羅文明의卓越하얏든것을昭然히알수잇고、그中에特히吾人의눈을놀내는것은、庭內에달녀잇는奉德寺의鐘이오。그重量이十二萬斤이나되여、實로朝鮮第一의巨鐘일샏아니라、形狀이優美하고、彫刻도極히精巧奇麗하오。

以上은邑內에서가장近處에잇는舊蹟의二三이오。大抵新羅舊都의遺址는現今邑內를中心으로方數里에延亘하얏섯든故로、그

逗·留

離·뒤덥힌、刹·

礎·碑·懷·

佛國寺

吐·含·山 石·窟·庵

遺蹟도遠近에散在하얏소。그럼으로仔細히求景하랴면、數日間을此地에逗留하야야하오。저離離한蔓草에두덥힌宮殿·寺刹의礎石과、荒涼한廣野에남아잇는王陵·塔碑等을볼새에、그누가千年舊蹟의無量한感懷를닐이키지안는이가잇겟소。

邑의東南四里에잇는佛國寺도、新羅時代에建設한것인대、建築·塔碑等의볼만한것이不少하고、그後便吐含山上에몸을던져、石窟庵

穹窿 丈 釋迦 거리

에들어가면、穹窿한石窟속에二十九體의佛像을周壁에彫刻하얏고、

中央에는一丈餘의釋迦尊像을安置하얏는대、그彫刻의優美함은東洋藝術의자랑거리

奈良・互・勤儉・裕・勞力

라하오。
慶州에와서聯想되는것은、內地의奈良이오。奈良도慶州와同時代에繁華하든舊都인대、兩都의遺傳된建築美術等이互相類似함을보면、上古의內鮮文明이매우密接하얏든것을알수잇소。

第二十六課　勤儉

一家를豐足케하며、一國을富裕케함에가장必要한것은勤과儉두가지니、勤이라함은勞

節約 濫用 訣・ 鈍・ 相當 千辛萬苦 努・力

力을앗기지안코、業務에힘쓰는것이오、儉이라함은自己의身分을쌀아서節約하야、濫用치안토록하는것이니라。

勤勉은事業을成就하는要訣中에가장緊重한것이라。그런故로天質이鈍한사람이라도、힘써서긋치지아니하면、相當한事業을成就할수가잇나니라。事業의成不成은그사람의運數의關係도적지아니하나、千辛萬苦하야努力한結果로、自己의運을크게한사람

累• 씻치-

孟子• 而•

怠•惰• 奢•侈•

僥•倖•

도만으니라。儉約도또한處世上에必要한것이니、儉約한사람은自然히財産에餘裕가잇서서、他人에게累를씻치지아니할뿐아니라、反히社會公衆에게有益한事業을할수가잇도다。孟子의말삼에도、「衣食足而知禮節」이라하셧스니、儉約이風儀上에重大한關係가잇슴을可히알지로다。

勤勉의反對는怠惰요、儉約의反對는奢侈니、怠惰하면眞實한뜻이업고、僥倖을바라서、아

天才 柔、浮 誘惑 職業 銘心 幸福

모리天才가잇는사람이라도、普通사람으로勤勉辛苦한사람만못하게되나니라。또奢侈하면柔弱하고浮華를조와하며、여러가지誘惑에싸져서、맛참내몸과집싸지亡하게되나니라。

우리들은以後에엇더한職業에從事하든지、勤儉二字를銘心하야實行할지로다。그리하면自身의名譽와幸福은勿論이오、自然히家를興하고、國을强하게할수가잇나니라。

普通學校 朝鮮語讀本 卷五 終